_____ 학년 _____ 반

이름_____

▶ **초등 과학 교과 연계**

3학년
1학기 3. 동물의 한살이
2학기 1. 동물의 생활

5학년
1학기 5. 다양한 생물과 우리 생활
2학기 2. 생물과 환경

▶ **정보 제공 및 내용 감수에 참여한 국립생태원 임직원**
김홍근(복원연구실)
박진영(생태조사연구실)
반영규(생태안전연구실)
조영호(경영기획실)
한용구(생태조사연구실)
홍의정(생태조사연구실)

미래 생태학자를 위한 **장수풍뎅이 탐험북**

발행일 2020년 7월 31일 초판 1쇄 발행 / 2025년 7월 18일 초판 5쇄 발행

엮음 국립생태원
그림 조은애
발행인 이창석
책임편집 유연봉 | **편집** 안정섭 | **본문구성·진행** 김혜영, 최문영
디자인 스튜디오 서로 | **사진** 국립생태원(조영호), 김진, Shutterstock, Wikimedia Commons
발행처 국립생태원 출판부 | **신고번호** 제 458-2015-000002호(2015년 7월 17일)
주소 충남 서천군 마서면 금강로 1210 / www.nie.re.kr
문의 041-950-5999 / press@nie.re.kr

ⓒ 국립생태원 National Institute of Ecology, 2020
ISBN 979-11-90518-82-6 73400

※ 이 책에 실린 모든 글과 그림을 저작권자의 허락 없이 무단으로 사용하거나
복사하여 배포하는 것은 저작권을 침해하는 것입니다.

※ 환경 보존을 위해 친환경 용지를 사용하고, 인체에 무해한 콩기름 잉크로 인쇄하였습니다.

⚠ **주의** 다칠 우려가 있습니다. 본 교재를 던지거나 떨어뜨리지 않도록 주의하십시오.
고온 다습한 장소나 직사광선이 닿는 장소에는 보관을 피해 주십시오.

미래 생태학자를 위한

장수풍뎅이
탐험북

국립생태원 엮음

머리말

안녕하세요, 미래 생태학자를 꿈꾸는 어린이 여러분!

참나무 숲의 제왕 장수풍뎅이를 본 적이 있나요? 반들반들 윤기가 나고 단단한 딱지날개를 가진 장수풍뎅이는 곤충계의 아이돌이에요. 뿔이 굵고 커다란 데다 힘도 세서 우리 어린이 친구들에게 인기가 정말 많지요.

원래 우리나라 숲에서 가장 크고 가장 강한 곤충은 장수하늘소였어요. 하지만 안타깝게도 점점 그 수가 줄어들어서 지금은 멸종위기 야생생물 I급으로 지정되어 보호받고 있지요. 그 빈 자리를 채운 것이 바로 장수풍뎅이예요. 그런 장수풍뎅이의 라이벌이 바로 사슴벌레랍니다. 둘은 장수하늘소의 뒤를 이어 숲의 1등 자리를 두고 다투고 있어요.

지금까지 전 세계에 알려진 장수풍뎅이는 174종이에요. 그중에서 우리나라에 사는 장수풍뎅이는 3종뿐이지요. 종류에 따라 크기와 뿔 모양이 다양하고 몸 색깔도 여러 가지예요. 대부분 야행성이고 주로 참나무 수액을 먹고 살아요. 장수풍뎅이가 참나무 수액을 먹기 위해 자리싸움을 벌일 때면 웬만한 곤충들은 알아서 슬금슬금 자리를 내준답니다.

우리는 잘 모르는 것에는 관심도 생기지 않고 사랑할 수도 없어요. 장수풍뎅이를 포함해 우리와 함께 지구에서 살아가는 모든 생물들에 대해

서도 마찬가지예요. 더 잘 알게 되면 될수록 점점 더 사랑스럽게 느껴지지요.

이 책은 장수풍뎅이의 신비로운 생태를 공부하고 관찰하며 잘 알 수 있도록 이끌어 주어요. 채집하고 기르는 방법도 알려 주지요. 이 책을 읽고 우리의 사랑스러운 친구 장수풍뎅이와 더욱 친해지고, 이 작지만 힘세고 매력적인 친구를 소중히 여기게 된다면 좋겠어요. 동물과 식물이 살지 못하는 환경에서는 사람도 살지 못해요. 자연과 사람이 더불어 살아갈 때 지속 가능한 미래를 만들어 나갈 수 있다는 것을 꼭 기억하세요.

자! 그럼 지금부터 "내가 바로 장수풍뎅이 박사!"라고 크게 외치고, 신비한 장수풍뎅이의 세계를 함께 탐험해 볼까요?

前 **국립생태원장** 박용목

차례

장수풍뎅이 탐구하기

- 10 곤충 최강자는 나야, 나!
- 12 장수풍뎅이는 딱정벌레예요
- 14 큰 뿔을 가진 장수풍뎅이
- 16 으라차차, 내동댕이쳐 보자!
- 18 생각 더하기 장수풍뎅이의 요모조모

장수풍뎅이의 종류

- 22 장수풍뎅이 우리나라 풍뎅이 중 가장 커요
- 24 외뿔장수풍뎅이 수액뿐만 아니라 곤충도 먹어요
- 26 둥글장수풍뎅이 잘 알려지지 않아서 비밀이 많아요
- 28 헤라클레스왕장수풍뎅이 세계에서 가장 커요
- 29 케이론왕장수풍뎅이 아시아의 최강 전사예요
- 30 생각 더하기 헤라클레스왕장수풍뎅이 대 케이론왕장수풍뎅이
- 32 악테온코끼리왕장수풍뎅이 세계에서 가장 무거워요
  켄타우루스장수풍뎅이 아프리카를 대표해요
- 33 오각뿔장수풍뎅이 뿔이 다섯 개예요
  그란티흰장수풍뎅이 온몸이 밝은 회색이에요
- 34 생각 더하기 지도로 보는 세계의 장수풍뎅이

장수풍뎅이의 한살이

38 짝짓기를 하고 알을 낳아요
40 알에서 나와 애벌레가 되어요
42 번데기에서 어른벌레가 되어요
44 맛있는 수액을 핥아 먹어요
46 **생각 더하기** 장수풍뎅이의 천적

장수풍뎅이 기르기

50 장수풍뎅이 채집하기
52 사육 상자 꾸미기
54 기르기 쉬운 어른벌레
56 기르는 재미가 있는 애벌레

스스로 연구하기

60 장수풍뎅이로 실험해 봐요
62 관찰 일지를 써 보세요
64 나만의 곤충 노트를 만들어요
66 표본을 만들어 봐요
68 더 궁금한 것을 묻고 답해요
70 장수풍뎅이 탐구 활동을 해 보세요

장수풍뎅이 탐구하기

새까맣고 윤기가 반들반들 나는 딱지날개를 가진 장수풍뎅이는 곤충계의 아이돌이에요. 이렇게 인기가 많은 데는 다 이유가 있어요. 커다란 뿔에 힘도 천하장사거든요. 참나무 수액을 먹기 위해 자리싸움을 벌일 때면 웬만한 곤충들이 알아서 슬금슬금 자리를 내줄 정도랍니다. 지금부터 곤충 최강자 장수풍뎅이를 탐구하러 함께 떠나 볼까요?

생물 분류표

분류	예시
장수풍뎅이종	장수풍뎅이
장수풍뎅이속	장수풍뎅이
장수풍뎅이과	장수풍뎅이, 외뿔장수풍뎅이, 둥근장수풍뎅이
딱정벌레목	사슴벌레, 바구미, 방아벌레
곤충강	잠자리, 나비, 메뚜기
절지동물문	톡토기, 곤충, 새우, 거미
동물계	포유류, 조류, 파충류, 양서류

곤충 최강자는 나야, 나!

맛있는 나무 수액을 차지하기 위해 장수풍뎅이와 사슴벌레가 서로 맞붙었어요. 이 싸움에서 과연 누가 이길까요? 강한 턱을 가진 사슴벌레일까요, 무시무시한 뿔을 가진 장수풍뎅이일까요?

곤충 전문가들은 힘센 장수풍뎅이가 이길 확률이 좀 더 높다고 해요. 하지만 사슴벌레의 반격도 만만치 않아요. 큰턱으로 꽉 깨물면 장수풍뎅이가 질 수도 있지요.

진짜 나무, 참나무

참나무는 흔히 도토리나무라고 불러요. 가을에 도토리 열매를 맺기 때문이지요. 어느 한 종류만을 가리키는 것은 아니에요. 참나무과 참나무속에 속하는 상수리나무, 떡갈나무, 신갈나무, 졸참나무, 갈참나무, 굴참나무 등이 모두 참나무랍니다. 참나무는 쓰임이 아주 많아요. 그래서 이름도 진짜 나무를 뜻하는 참나무예요. 불에 잘 타서 땔감으로 써도 좋고, 버섯을 기를 때도 쓰이고, 도토리 열매로는 묵을 만들어 먹지요.

참나무 숲의 제왕

장수풍뎅이는 6~8월 참나무 숲에서 쉽게 볼 수 있어요. 풍뎅이 종류 중에서 몸집이 제일 크고 힘이 세서 '장수'풍뎅이란 이름이 붙었어요.

한여름 참나무 숲에는 많은 곤충들이 먹이를 찾기 위해 모여드는데, 그중에서 가장 좋은 자리는 늘 힘센 장수풍뎅이가 차지해요.

장수풍뎅이는 낮에 쉬고 밤에 주로 활동해요. 하지만 낮에도 참나무 수액을 핥는 모습을 종종 볼 수 있어요.

무시무시한 뿔

장수풍뎅이 수컷의 머리와 앞가슴에는 길고 튼튼한 뿔이 나 있어요. 수컷들은 이 뿔로 적을 공격하기도 하고, 자기 몸을 지키기도 해요. 암컷은 수컷과 달리 뿔이 없어요.

그런데 뿔은 왜 수컷에게만 있을까요? 바로 맛있는 먹이와 암컷을 차지하기 위해서예요. 수컷들은 짝짓기를 하기 위해 수많은 경쟁자를 물리쳐야 하는데, 이때 뿔로 싸워서 누가 가장 힘이 센지 가린답니다.

> 장수풍뎅이 수컷에게만 뿔이 있는 것처럼, 사슴벌레도 수컷만 큰턱이 발달했어요.

헤라클레스왕장수풍뎅이	오각뿔장수풍뎅이	둥글장수풍뎅이

뿔이 몸보다 길어요.	뿔이 무려 5개나 돼요.	수컷인데도 뿔이 없어요.

애완 곤충계의 아이돌

장수풍뎅이는 애완 곤충으로 인기가 높아요. 키우기 쉽고 성격도 활발하기 때문이에요. 알에서 애벌레, 번데기, 어른벌레에 이르는 모든 탈바꿈 과정을 관찰할 수 있어 체험 학습 대상으로도 안성맞춤이지요.

 **활동** 자연에서 장수풍뎅이를 볼 수 있는 때와 장소는 어디인가요?

답 여름, 참나무 숲에서 볼 수 있어요.

장수풍뎅이는 딱정벌레예요

장수풍뎅이는 곤충강 중에서 딱정벌레목에 속하는 곤충이에요. 그게 무슨 소리냐고요? 지구에 사는 모든 생물은 생김새와 유전적인 특징에 따라 분류할 수 있어요. 가장 큰 단위인 '계'에서 가장 작은 단위인 '종'까지 크게 7단계로 구분하는데 제일 먼저 식물계, 동물계 등의 '계'로 나누어요. 사람을 비롯한 모든 동물은 동물계에 속하지요. 그리고 '계' 중에서 비슷한 특징을 가진 생물을 묶어 '문'으로, 다시 가까운 관계에 있는 것끼리 묶어 '강'으로, 다시 '목', '과', '속', '종'으로 나누지요. 그중에서 '종'이 우리가 흔히 말하는 동물 이름이랍니다.

생물 분류표

이런 분류 체계는 스웨덴의 린네란 사람이 만들었어요.

장수풍뎅이 **종**

장수풍뎅이 **속**

장수풍뎅이 **과**

딱정벌레 **목**
단단한 앞날개가 있고 완전탈바꿈을 하는 동물

곤충 **강**
몸이 머리, 가슴, 배로 나뉘며 다리가 6개인 동물

절지동물 **문**
몸이 여러 마디로 나뉘며 다리가 많고 피부가 단단한 동물

동물 **계**
지구상의 모든 동물

딱정벌레목의 특징

지구에 사는 곤충들 중에서 앞날개가 딱딱하게 굳어 딱지날개가 된 종류를 딱정벌레목이라고 해요. 딱정벌레목은 앞날개가 갑옷처럼 단단해서 '갑충'이라고도 하는데, 이 앞날개가 물렁한 몸통을 보호해 주지요. 각종 딱정벌레와 장수풍뎅이, 사슴벌레, 무당벌레 등이 딱정벌레목에 속한답니다. 딱정벌레목에 속하는 곤충은 알에서 나와 애벌레가 되고, 애벌레가 번데기를 거쳐 어른벌레로 변하는 완전탈바꿈을 해요.

사슴벌레

장수풍뎅이

칠성무당벌레

장수풍뎅이와 사슴벌레는 가까운 사이

장수풍뎅이와 사슴벌레는 모두 딱정벌레목 풍뎅이상과에 속해요. 둘 다 딱지날개가 있고, 완전탈바꿈을 해요.

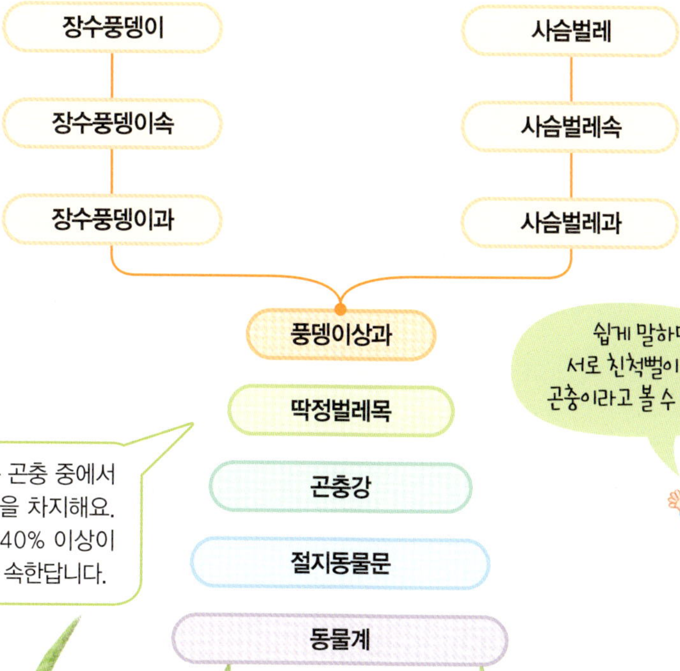

장수풍뎅이 — 장수풍뎅이속 — 장수풍뎅이과
사슴벌레 — 사슴벌레속 — 사슴벌레과
→ 풍뎅이상과 → 딱정벌레목 → 곤충강 → 절지동물문 → 동물계

쉽게 말하면 서로 친척뻘이 되는 곤충이라고 볼 수 있어요.

딱정벌레목은 곤충 중에서 가장 많은 종을 차지해요. 전체 곤충의 40% 이상이 딱정벌레목에 속한답니다.

큰 뿔을 가진 장수풍뎅이

장수풍뎅이는 몸이 머리, 가슴, 배로 나뉘어요. 머리에는 더듬이와 눈, 뿔이 있고, 가슴에는 앞다리, 가운뎃다리와 뒷다리가 있어요. 앞가슴등판에는 또 다른 뿔이 달려 있고, 그 아래에 딱지날개로 불리는 딱딱한 앞날개가 있어요. 단단한 딱지날개로 물렁한 몸을 보호하지요. 딱지날개 안에는 얇은 속날개가 접혀 있는데, 하늘을 날 때 쓰여요. 그리고 배 양옆에는 숨을 쉴 때 쓰는 숨구멍이 있답니다.

뿔이 없는 암컷

장수풍뎅이는 암컷과 수컷을 쉽게 구별할 수 있어요. 뿔이 있는 것은 수컷, 뿔이 없는 것은 암컷이에요. 암컷은 수컷보다 몸집이 작답니다.

더듬이
더듬이에 있는 아주 작은 구멍으로 냄새를 맡아요.

가운뎃다리

넓적다리마디
다리 중에서 근육이 가장 발달해서 힘이 센 곳이에요.

종아리마디
가시가 많이 나 있는 부분이에요. 적을 막거나 더듬이를 손질할 때 유용해요.

발목마디
여러 마디로 나누어져 있어요.

딱지날개(앞날개)
딱딱해서 몸 전체를 보호하고, 수분이 날아가지 않도록 막아 주어요. 몸의 균형도 잡아 주지요.

발톱
날카로운 갈고리 모양으로 되어 있어, 나무에 오르거나 붙어 있을 수 있어요.

 장수풍뎅이를 뒤집어서 입 부분이 어떻게 생겼는지 돋보기로 관찰해 보세요.

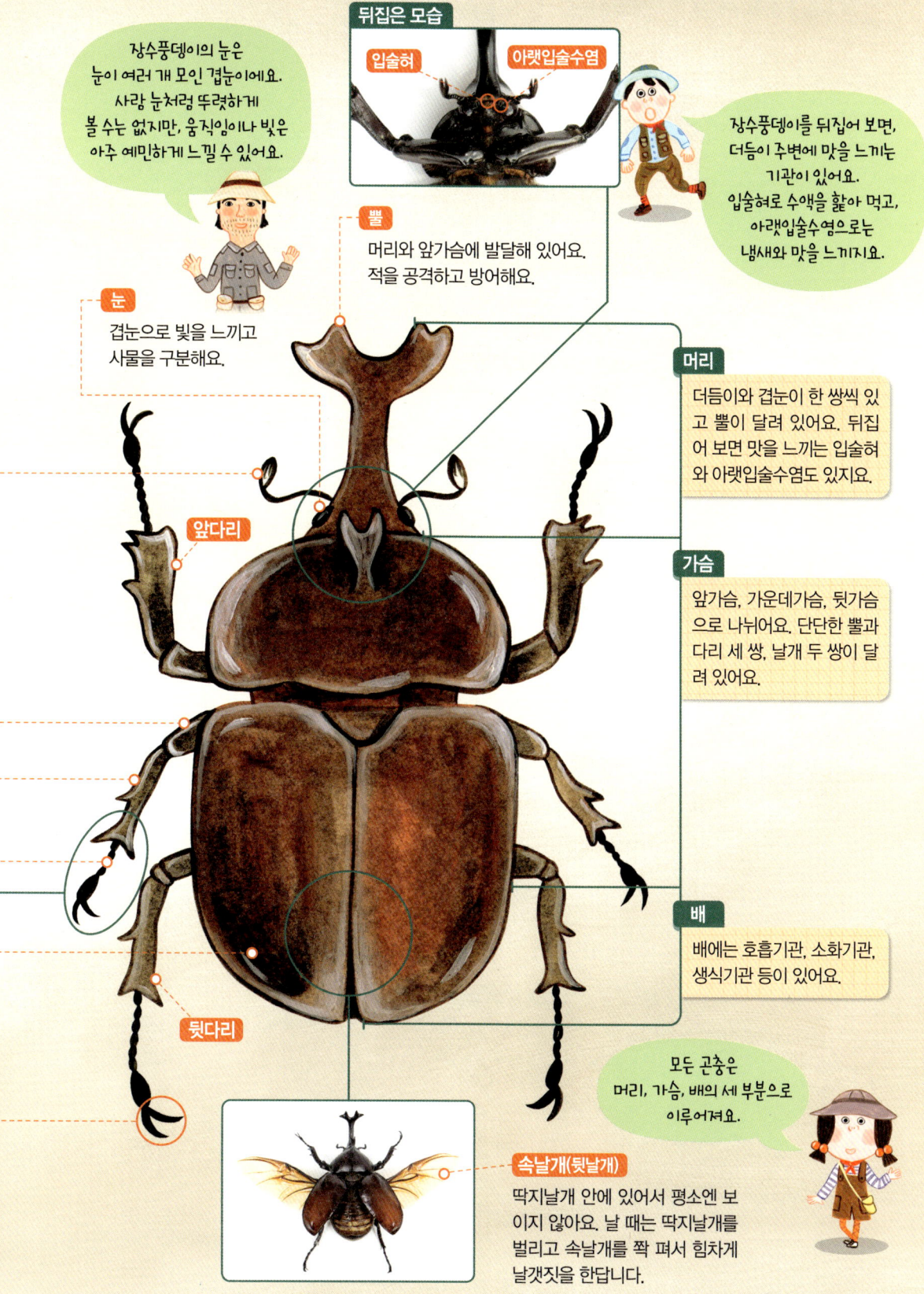

으라차차, 내동댕이쳐 보자!

못 말리는 싸움꾼 장수풍뎅이

한여름, 해가 져 어둑어둑해진 참나무 숲에서 결투가 벌어졌어요. 바로 싸움꾼 장수풍뎅이들의 결투예요. 수컷 장수풍뎅이는 맛있는 나무 수액을 차지하려고 싸우기도 하고, 마음에 드는 암컷을 차지하려고 싸우기도 해요. 싸움 상대도 가리지 않아요. 수액을 찾아온 사슴벌레와도 싸우고, 달콤한 수액 냄새를 맡고 몰려든 장수말벌과도 싸우고, 같은 장수풍뎅이끼리도 싸운답니다.

장수풍뎅이 수컷은 적이 나타나면 결코 물러서지 않아요. 오히려 커다란 몸집으로 겁을 주거나, 앞다리를 번쩍 들어 올리며 위협해요. 그래도 적이 물러서지 않는다면

수컷 장수풍뎅이는 자기 몸무게의 50배가 넘는 물건을 끌거나 들어 올릴 수 있어요. 발톱을 걸기 좋은 돗자리 위에서라면 자기 몸만 한 장난감 자동차 서너 대는 너끈히 끌 수 있지요.

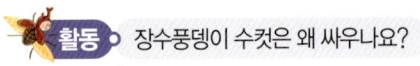
장수풍뎅이 수컷은 왜 싸우나요?

답 마음에 드는 암컷을 차지하기 위해서, 싸움에 이기려고 배를러기 수액을 빨 수 있고, 암컷에게도 짝짓기를 할 수 있어요.

용맹한 장수처럼 싸움에 나서지요. 상대편의 가슴에 긴 뿔을 밀어 넣고 마치 씨름 선수처럼 휙 들어서 던져 버려요.

싸움에서 이긴 수컷은 맛 좋은 수액을 배불리 먹을 수 있고, 마음에 드는 암컷에게 다가가 짝짓기를 할 수도 있어요.

장수풍뎅이의 다양한 싸움 기술

싸움꾼 장수풍뎅이는 가운뎃다리와 뒷다리를 나무에 단단히 고정하고, 앞다리의 발목마디를 뒤로 꺾고 싸워요. 체구가 작은 장수풍뎅이도 자기보다 몸집이 큰 곤충들을 너끈히 물리치지요.

단단한 뿔로 들이받아요.

뿔로 들어 올려 내동댕이쳐요.

상대편의 뿔을 휘감아 내던져요.

상대편 가슴에 뿔을 깊이 밀어 넣어 번쩍 들어 올려요.

생각 더하기

장수풍뎅이의 요모조모

장수풍뎅이는 사람들이 참 좋아하는 곤충이에요. 곤충답지 않은 커다란 몸집, 상대방을 날려 버리는 강력한 힘, 굵고 힘센 뿔, 보면 볼수록 매력적이지요. 그래서 사람들은 장수풍뎅이 축제를 열기도 하고, 장수풍뎅이를 주제로 재미난 여러 가지 것들을 만들기도 해요.

태국 장수풍뎅이 축제

태국 북부에서는 해마다 장수풍뎅이 축제를 열어요. 마을 사람들은 장수풍뎅이 모형을 만들어 퍼레이드를 하고, 저녁이 되면 장수풍뎅이 씨름 대회를 열지요. 장수풍뎅이 씨름이란, 통나무에 수컷 장수풍뎅이 두 마리를 올려놓고 젓가락으로 통나무를 두드려 자극해서 서로 싸우게 하는 거예요. 이 씨름은 아주 인기가 많아서 해마다 많은 관광객들이 구경하러 온다고 해요.

우리나라 장수풍뎅이 썰매

전라남도 곡성에 있는 섬진강 기차마을에 가면 장수풍뎅이로 만든 재미있는 조형물을 볼 수 있어요. 바로 장수풍뎅이가 끄는 썰매예요. 장수풍뎅이는 힘이 장사니까, 아주 커다란 장수풍뎅이가 있다면 진짜 썰매를 끌 수도 있을 것 같지 않나요?

일본 장수풍뎅이 자판기

일본은 '자판기 천국'으로 불릴 만큼 다양한 자판기가 있는 나라예요. 각종 생필품은 물론 우산, 초밥, 넥타이 등 특이한 물건들도 자판기에서 판답니다. 그중에서 가장 신기한 자판기는 장수풍뎅이 자판기예요. 장수풍뎅이와 사슴벌레는 일본에서도 애완 곤충으로 인기가 많아서, 예전에는 자판기에서도 쉽게 살 수 있었어요. 하지만 동물 학대라는 비판이 있어서 요즘에는 쉽게 볼 수 없다고 해요.

영양만점 장수풍뎅이 애벌레

2050년에는 세계 인구가 100억 명으로 늘어날 거라고 해요. 그런 가운데 미래의 식량으로서 곤충에 대한 관심이 높아지고 있어요. 곤충은 단백질이 풍부하고 사육 기간이 짧은 데다, 먹이도 적게 먹고 사육 공간도 많이 필요하지 않기 때문이에요. 이미 거저리 유충인 밀웜은 햄스터 같은 반려동물의 먹이와 식용으로 인기가 많아요. 쌍별귀뚜라미, 흰점박이꽃무지 애벌레 등도 식용으로 쓰여요. 장수풍뎅이 애벌레도 그중 하나인데, 몸에 좋은 여러 가지 영양분이 많고, 질병 예방에도 도움이 된다고 해요.

장수풍뎅이 애벌레는 2017년 식용 곤충으로 지정되었어요.

장수풍뎅이   우리나라 풍뎅이 중 가장 커요

몸집이 클수록 뿔도 커요.

장수풍뎅이는 우리나라에 사는 풍뎅이 종류 중에서 가장 몸집이 크고 힘센 곤충이에요. 장수풍뎅이 하면 누구나 떠올리는 모습일 만큼 유명하답니다. 애완 곤충으로도 인기가 많아요.

장수풍뎅이는 둥글둥글한 몸이 매끄럽고 단단한 껍질로 둘러싸여 있어요. 색은 짙은 밤색이에요. 몸집도 제법 큰 데다, 반짝반짝 광택이 나서 매우 다부져 보이지요. 수컷의 머리에는 긴 뿔이 달려 있어서, 옛날에 뿔 달린 투구를 쓰고 싸움터에 나가던 장수를 닮은 것 같기도 해요. 암컷은 뿔이 없고 딱지날개 전체에 털이 나 있어요. 몸집도 좀 더 작아요.

장수풍뎅이를 보고 싶다면 한여름 저녁에 참나무 숲으로 가 보세요. 장수풍뎅이는 참나무에서 나오는 수액을 빨아 먹고 살거든요. 낮에는 눈에 잘 띄지 않아요. 나무 밑동이나 낙엽 속에서 잠을 자고 밤에 주로 활동하기 때문이에요.

혹시 주변에 썩은 나무나 썩은 낙엽이 있다면 장수풍뎅이 애벌레를 찾아보세요. 썩은 낙엽이 쌓인 흙을 부엽토라고 하는데, 각종 미생물과 무기질, 섬유질이 풍부해서 장수풍뎅이 애벌레의 훌륭한 먹이가 된답니다.

장수풍뎅이는 주로 애벌레 상태로 겨울을 보내고, 봄에 번데기가 된 뒤 여름에 어른벌레로 활동해요. 애벌레와 번데기 기간

장수풍뎅이는 무분별한 개발로 산림이 훼손되면서 한때 보호종으로 지정될 만큼 개체 수가 줄어들었어요. 그러다가 애완용으로 사육하는 농가가 늘면서 개체 수가 다시 늘어났어요.

에 비해 어른벌레로 사는 기간은 아주 짧은 편이에요. 야생 상태에서는 고작 1~3개월밖에 살지 못해요. 하지만 너무 속상해할 필요는 없어요. 열심히 짝짓기를 해서 새 생명들을 남겨 놓고 가거든요.

> 특별한 것으로 농가 수입을 올리는 마을이 있어 화제입니다.

> 우리 마을은 원래 표고버섯 농사로 유명했단다. 그런데 버섯을 기르려고 쌓아 둔 폐목 주변에 이상한 게 생긴 거야.

> 이상한 거라니요?

> 바로 장수풍뎅이! 이게 애벌레인데 썩은 나무 밑에서 잘 자라더라고. 골칫거리 썩은 나무가 장수풍뎅이 덕에 보물이 됐지.

> 그게 어떻게 농가에 도움이 되나요?

> 장수풍뎅이를 애완용으로 키우는 사람들이 많아졌거든. 애벌레고 어른벌레고 여기저기서 사겠다고 난리야.

> 장수풍뎅이가 표고버섯 재배 농가의 새로운 부수입으로 떠오르면서 재배 농가가 점차 늘고 있습니다. 하지만 개체 수가 지나치게 늘어나면 생태계에 나쁜 영향을 줄 수도 있다며 걱정하는 목소리도 끊이지 않고 있습니다.

 **활동** 낮에도 참나무 숲에 가면 장수풍뎅이가 돌아다니는 모습을 간혹 볼 수 있어요. 가까운 숲에 가서 한번 찾아보세요.

외뿔장수풍뎅이 수액뿐만 아니라 곤충도 먹어요

외뿔장수풍뎅이는 광택이 나는 검은 빛깔 딱지날개에 예쁜 줄무늬가 새겨져 있어요. 머리에는 장미 가시 모양의 귀여운 뿔이 있고요. 암컷과 수컷이 비슷하게 생겼지만, 자세히 보면 수컷 뿔이 암컷보다 더 크고 또렷하며 앞가슴등판이 더 옴폭하게 들어가 있어요.

크기는 2센티미터 정도로 장수풍뎅이에 비해 작아서 귀여워 보여요. 하지만 손에 잡고 있으면 손가락을 벌리고 빠져나갈 정도로 힘이 세요. 귀여운 외모와는 달리 나무 수액뿐만 아니라, 죽은 곤충이나 곤충의 체액을 즐겨 먹는 잡식성이에요. 야생 상태에서는 곤충을 직접 사냥하기도 한답니다.

애벌레는 다른 장수풍뎅이 애벌레처럼 부엽토를 먹고 살며 1령, 2령, 3령 애벌레를 거쳐요.

짝짓기 시기에는 암컷이 수컷을 잡아먹을 만큼 난폭하대요.

힘도 세고, 사냥도 잘해요.

외뿔장수풍뎅이도 낮에는 부엽토나 썩은 나무, 낙엽 밑에서 주로 지내다 밤에 나와서 돌아다녀요. 참나무가 자라는 깊은 숲 속, 참나무 수액 주변에서 볼 수 있지요. 외뿔장수풍뎅이는 다른 장수풍뎅이들에 비해 빨리 자라서 야생에서는 3~4개월이면 어른벌레가 돼요. 애벌레로 겨울을 난 것들은 5월부터 어른벌레로 활동하지요. 수명은 1~3개월 정도예요. 집에서 기르면 알에서 어른벌레가 되기까지 2~3개월이면 충분해요.

외뿔장수풍뎅이 수컷

외뿔장수풍뎅이는 잡식성이라서 곤충 젤리 말고도 죽은 곤충이나 밀웜, 귀뚜라미 같은 것을 먹이로 넣어 주어야 해요. 또 여러 마리를 함께 기를 때는 먹이가 부족하면 공격성이 높아지기 때문에 주의해야 한답니다!

 **활동** 외뿔장수풍뎅이에게 죽은 곤충, 밀웜을 주고 어떤 것을 더 잘 먹는지 관찰해 보세요.

둥글장수풍뎅이
잘 알려지지 않아서 비밀이 많아요

둥글장수풍뎅이는 비밀스러운 곤충이에요. 발견된 지 얼마 안 된 데다 아주 보기 힘들거든요. 우리나라에서는 서해안 지역과 그 부근 섬들에서만 볼 수 있어요. 정확히 어디에 사는지, 무엇을 먹는지, 어떻게 번식하는지 등은 아직까지 밝혀지지 않았답니다.

늦여름에 불빛을 향해 날아온다거나, 해안가에서 주로 발견된다는 것 정도만 전해질 뿐이에요. 그래서 둥글장수풍뎅이에 대해서는 아직 연구할 게 많아요.

둥글장수풍뎅이는 몸길이가 2센티미터 정도에 둥글둥글하게 생겼어요. 다리와 배 부위에는 털이 길게 나 있고요. 머리나 앞가슴등판에 뿔이 없어서 암컷과 수컷을 구별하기가 쉽지 않아요. 얼핏 보면 작은 풍뎅이로 착각할 만큼 비슷하답니다.

> 둥글장수풍뎅이는 해안가 갯벌 주변, 해안사구, 간척지 등지의 '띠'라는 식물이 자라는 곳에서 발견되곤 해요.

> 애벌레가 썩은 띠의 마디나 줄기를 먹고 산다고 생각되지만, 아직 확실하게 밝혀진 것은 아무것도 없어요.

커다란 덩치를 자랑하는 덩치상은 누가 봐도 제일 큰 장수풍뎅이의 차지입니다.

흥, 덩치 좀 큰 게 뭐 대단하다고.

장수풍뎅이 뽐내기 대회

다른 곤충을 즐겨 먹는 외뿔장수풍뎅이가 별난 식성상의 영예를 차지합니다.

음, 덩치는 조그만 게 다른 곤충을 먹는다고?

아무것도 알 수 없는 신비한 매력을 자랑하는 둥글장수풍뎅이가 미스테리상의 수상자가 되었습니다.

너 쟤 알아? 난 오늘 처음 봤어.

그러게, 쟤 누구지?

장수풍뎅이 애벌레는 똥싸개예요. 번데기가 되기 전까지 대략 9,700번이나 똥을 싼대요.

영양 만점 애벌레의 똥

장수풍뎅이 애벌레는 먹성이 좋아서 자라면서 자기 몸의 몇 배나 되는 먹이를 먹어 치워요. 덕분에 똥도 엄청나게 많이 누지요. 그런데 애벌레의 먹이가 되는 부엽토에 영양분이 풍부하게 들어 있다 보니, 애벌레 똥에도 영양가가 많답니다. 식물에게 좋은 비료가 되니, 집에서 장수풍뎅이를 기르고 있다면 애벌레 똥을 버리지 말고 화분에 주세요.

헤라클레스왕장수풍뎅이 세계에서 가장 커요

머리에 돋아난 뿔로 끝부분이 뾰족해요. 뿔 안에 돌기가 있는데, 종류에 따라 모양과 개수가 달라요.

앞가슴등판에서 돋아난 뿔로 안쪽 부분에 황갈색 털이 나 있어요.

딱지날개는 황갈색부터 밝은 황색까지 종류에 따라 색깔이 조금씩 다르고, 점무늬가 있어요.

그리스 신화의 영웅 헤라클레스의 이름을 딴 헤라클레스왕장수풍뎅이는 남미의 대표적인 장수풍뎅이예요. 이름에 걸맞게 힘도 세고, 덩치도 우람하답니다. 몸길이가 18센티미터에 이르는 것도 있을 정도로 길쭉하고 뿔도 길어요. 뿔은 몸통보다 긴데, 머리와 앞가슴등판에서 각각 1개씩 길게 뻗어 있어요.

수컷의 딱지날개는 대개 밝은 황색이나 황갈색이고 군데군데 점무늬가 있어요. 습기가 많은 곳에서는 누런 딱지날개가 짙은 색으로 변하고, 건조한 곳으로 오면 원래의 색으로 되돌아와요.

헤라클레스왕장수풍뎅이는 산이 높은 지대의 활엽수림에서 산다고 알려져 있어요. 밤에 주로 활동해요.

남미 여러 곳에서 13종류의 헤라클레스왕장수풍뎅이를 만날 수 있는데, 그중에서 '헤라클레스-헤라클레스'로 불리는 종이 가장 커요.

다리가 길군. 뿔이 굵네.

헤라클레스왕장수풍뎅이   케이론왕장수풍뎅이

케이론왕장수풍뎅이 아시아의 최강 전사예요

- 머리에서 돋은 뿔로 위로 휘어져 솟아 있어요. 뿔 안쪽에 날카로운 돌기가 있어요.
- 앞가슴등판에서 돋아난 뿔로 2개예요. 양 끝에서 앞으로 활처럼 휘어서 길게 뻗어 있어요.
- 몸에 비해 앞다리가 매우 긴 편이에요.
- 몸 전체가 청동 광택이 도는 검은색을 띠어요.

남미에 헤라클레스왕장수풍뎅이가 있다면 아시아에는 그에 못지않은 전사 케이론왕장수풍뎅이가 있어요. 케이론왕장수풍뎅이는 아시아에서 가장 큰 장수풍뎅이예요. 동남아시아 전역에서 살며, 개체 수도 아주 많아요. 주로 높은 산지에서 사는데, '로탄'이라 불리는 야자나무 식물이나 아카시아 수액에 모여 지내지요. 흔히 코카서스왕장수풍뎅이로 부르지만, 정확한 이름은 케이론왕장수풍뎅이예요.

케이론왕장수풍뎅이는 몸 전체가 윤이 나는 검은색을 띠어요. 수컷의 앞가슴등판에는 활처럼 휘어진 2개의 뿔이, 머리에는 하늘로 솟은 1개의 뿔이 나 있어요. 앞다리는 길고 튼튼하며, 몸길이는 13센티미터 정도로 헤라클레스왕장수풍뎅이에 비하면 몸집이 작은 편이에요.

화가 나면 암컷을 죽일 정도로 성격도 포악하고 사납지요. 하지만 워낙 싸움을 잘해서 장수풍뎅이를 좋아하는 사람들은 케이론왕장수풍뎅이와 헤라클레스왕장수풍뎅이 둘 중 누가 더 강한가를 두고 종종 다투곤 한답니다.

케이론왕장수풍뎅이는 애벌레도 난폭해요. 손으로 만지면 머리를 돌려 꽉 문답니다.

생각 더하기

헤라클레스왕장수풍뎅이 대 케이론왕장수풍뎅이

악테온코끼리왕장수풍뎅이 세계에서 가장 무거워요

악테온코끼리왕장수풍뎅이는 세계에서 가장 무거운 곤충으로 유명해요. 길이는 케이론왕장수풍뎅이와 비슷한데, 더 넓적하고 무게가 많이 나가지요.

코끼리왕장수풍뎅이들은 몸집이 무척 거대해요. 마치 코끼리처럼요. 게다가 앞가슴등판 양쪽에 난 2개의 뿔은 상아를 닮았고, 머리에서 앞으로 길게 뻗은 뿔은 코끼리 코를 떠올리게 한답니다.

남아메리카 열대 우림에 사는데, 애벌레 기간이 3년 정도로 매우 길다고 해요. 애벌레도 덩치가 매우 커서 보통 장수풍뎅이 무게의 3배가 넘어요.

> 손에 꽉 찰 정도로 몸집이 커다래요.

켄타우루스장수풍뎅이 아프리카를 대표해요

아프리카 대륙에는 장수풍뎅이가 많이 살지 않아요. 종류도 적은 편이고요. 그중에서 켄타우루스장수풍뎅이는 아프리카에서 가장 큰 장수풍뎅이이자 가장 흔한 장수풍뎅이예요. 온몸에 기름을 바른 것처럼 반짝반짝 윤이 나지요.

아프리카 사람들은 켄타우루스장수풍뎅이의 애벌레를 먹기도 해요.

 **활동** 이 밖에도 전 세계에 어떤 장수풍뎅이들이 있는지 인터넷이나 책에서 더 찾아보세요.

오각뿔장수풍뎅이 뿔이 다섯 개예요

오각뿔장수풍뎅이는 케이론왕장수풍뎅이와 더불어 아시아를 대표하는 장수풍뎅이예요. 인도 북부, 중국 남부, 인도차이나반도에 사는데 태국의 치앙마이 주변에서 가장 많이 볼 수 있어요.

머리와 앞가슴등판은 윤이 나는 검은빛이고 딱지날개는 살아 있을 때는 누런빛을 띠다 죽으면 밝은 갈색으로 변해요. 수컷은 이름에 걸맞게 5개의 뿔을 가졌어요. 머리 부분에 긴 뿔 1개, 앞가슴등판에 양옆으로 4개의 뿔이 있답니다.

그란티흰장수풍뎅이 온몸이 밝은 회색이에요

그란티흰장수풍뎅이는 미국에 사는 장수풍뎅이 중에서 가장 큰 종류예요. 몸길이는 4~8센티미터 정도로 우리나라 장수풍뎅이와 비슷하고 온몸이 밝은 회색을 띠어요. 딱지날개에는 점무늬가 있는데 간혹 없는 것들도 있어요. 전체적인 생김새는 헤라클레스왕장수풍뎅이를 닮았어요. 사막과 선인장이 많은 건조한 지역의 활엽수림에 산답니다. 습한 곳에서는 딱지날개가 검은색으로 변해요.

장수풍뎅이의 천국, 아메리카

아메리카 대륙에는 다양한 장수풍뎅이가 살고 있어요. 길이가 긴 헤라클레스왕장수풍뎅이와 넵튠왕장수풍뎅이를 비롯하여 몸이 하얀 흰장수풍뎅이, 몸집이 크고 무거운 코끼리왕장수풍뎅이까지 다양한 장수풍뎅이를 볼 수 있지요. 크기가 큰 중대형 종들이 주로 살고, 특히 남아메리카 지역에서 다양한 종류가 관찰돼요.

생각 더하기

지도로 보는 세계의 장수풍뎅이

장수풍뎅이는 전 세계에 174종이 살고 있어요. 남아메리카에 가장 많이 사는데, 크기가 큰 종류들이 많아요. 아시아에서는 청동왕장수풍뎅이속에 속한 종류들이 크기가 크고 개체 수도 많은 것으로 알려져 있어요. 아프리카에 사는 장수풍뎅이들은 아시아나 남아메리카에 비해 종류도 적고 개체 수도 적은 편이에요.

그란티흰장수풍뎅이
사는 곳 미국(애리조나주, 유타주, 콜로라도주, 뉴멕시코주), 멕시코 북부
몸길이 수컷 40~80mm
　　　　 암컷 35~53mm

헤라클레스왕장수풍뎅이
사는 곳 중남미(멕시코 남부에서 브라질 동남부까지)
몸길이 수컷 46~180mm
　　　　 암컷 47~80mm

켄타우루스장수풍뎅이
사는 곳 아프리카 서부 적도
몸길이 수컷 40~93mm
　　　　 암컷 40~58mm

악테온코끼리왕장수풍뎅이
사는 곳 에콰도르, 페루, 볼리비아, 파라과이, 콜롬비아, 브라질, 베네수엘라, 가이아나, 파나마
몸길이 수컷 50~135mm
　　　　 암컷 50~82mm

특이한 뿔을 가진 장수풍뎅이

모자 쓴 멋쟁이 모래밭도깨비장수풍뎅이
앞가슴등판에 모자처럼 생긴 뿔이 있어요. 인도네시아 자바섬에 살아요.

아치 모양 헬리우스코뿔소장수풍뎅이
가슴뿔과 머리뿔이 서로를 향해 많이 구부러져 아치 모양처럼 보여요. 남아메리카 대륙 북부에서 살아요.

오각뿔장수풍뎅이
사는 곳 태국, 라오스, 인도 북부, 중국 남부, 미얀마, 베트남 북부
몸길이 수컷 45~80mm
         암컷 40~55mm

장수풍뎅이
사는 곳 우리나라, 일본, 중국, 대만, 인도차이나반도
몸길이 수컷 25~75mm
         암컷 30~50mm

외뿔장수풍뎅이
사는 곳 우리나라, 일본, 중국
몸길이 암수 모두 18~24mm

둥글장수풍뎅이
사는 곳 우리나라, 중국, 몽골 등
몸길이 암수 모두 20mm 내외

케이론왕장수풍뎅이
사는 곳 인도네시아 수마트라·자바, 미얀마, 말레이시아, 인도차이나반도
몸길이 수컷 45~145mm
         암컷 50~74mm

장수풍뎅이의 한살이

짝짓기를 하고 알을 낳아요

알을 깨고 나온 애벌레가 어른벌레로 변해 가는 과정을 탈바꿈이라고 해요. 그중 알, 애벌레, 번데기의 과정을 거쳐 어른벌레가 되는 것을 '완전탈바꿈'이라고 하는데, 장수풍뎅이는 사슴벌레와 더불어 완전탈바꿈을 하는 대표적인 곤충이에요. 완전탈바꿈의 첫 번째 과정인 알을 낳기 전에 무엇부터 해야 할까요? 당연히 짝짓기를 해야 하지요. 장수풍뎅이들은 7월 중순에서 8월에 활발하게 짝을 지어요. 가을이 오기 전에 알을 낳아야 하기 때문이에요.

> 알에서 애벌레가 되었다가, 번데기 과정 없이 여러 차례 허물을 벗고 어른벌레가 되는 것은 '불완전탈바꿈'이라고 해요.

❶ 짝짓기를 해요

맘에 드는 짝을 만나기 위해 수컷이 경쟁자를 물리쳐요.

수컷이 암컷 등 뒤로 조심스럽게 다가가요.

수컷이 암컷 등 위로 올라가 배를 오므렸다 폈다 하면서 짝짓기를 해요.

방해꾼들이 나타나도 장수풍뎅이들의 사랑은 계속돼요.

짝짓기가 세 번째나 네 번째인 수컷은 짝짓기를 마치고 생을 다해요.

> 수컷은 짝짓기를 서너 번 정도 하면 죽고, 암컷은 알을 두세 번 낳으면 수명이 다해요. 고작 1~3개월 정도 산답니다.

❷ 알을 낳아요

짝짓기를 마친 암컷은 1~2주 동안 먹이를 충분히 먹으며 힘을 모아 두어요. 그리고 이리저리 날아다니며 알 낳을 장소를 찾아요.

암컷은 썩은 나뭇잎이 가득 쌓인 부엽토나 퇴비를 찾으면 앞다리로 땅을 파고 들어가 알을 낳아요. 부엽토나 퇴비는 애벌레에게 좋은 먹이가 된답니다. 알은 보통 30~40개 정도 낳는데, 100개 이상을 낳을 때도 있어요. 알 낳기를 마친 암컷은 힘이 빠져서 죽고 말아요.

다른 동물들이 알을 종종 먹어 버려서 최대한 많이 낳아야 해요.

❸ 알이 자라요

처음 낳은 알은 지름 3밀리미터 정도에 하얗고 동그랗게 생겼어요. 알은 주변의 수분을 빨아들이면서 점점 커지고, 모양도 타원형으로 바뀌어요. 2주쯤 지나면 부화하는데, 이 무렵에는 크기가 5~6밀리미터 정도로 커지고 알껍데기가 얇아져서 속에 있는 애벌레가 살짝 비친답니다.

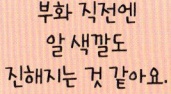

부화 직전엔 알 색깔도 진해지는 것 같아요.

갓 낳은 알은 지름 3밀리미터 정도에 둥글어요.

자라면서 점점 타원형으로 변해요.

부화 직전에는 5~6밀리미터 정도로 커지고 반투명해져요.

 **활동** 장수풍뎅이 말고도 완전탈바꿈을 하는 곤충을 더 찾아보세요.

알에서 나와 애벌레가 되어요

> 애벌레는 허물을 벗지 못하면 죽어요.

　알에서 나온 장수풍뎅이 애벌레는 1령, 2령, 3령 애벌레의 과정을 거치며 쑥쑥 자라요. '령'은 애벌레 나이를 세는 단위인데, 허물을 벗을 때마다 앞의 숫자가 커져요. 알에서 나오면 1령, 1령이 자라 허물을 벗으면 2령, 2령이 자라 허물을 벗으면 3령이 되지요. 곤충은 단단한 피부가 몸을 감싸고 있기 때문에 몸이 계속 자라려면 작아진 피부 껍질, 즉 허물을 벗어야 해요.

❶ 알에서 나와요

　2주일쯤 지나면 애벌레가 턱으로 알껍데기를 찢고 나와요. 갓 깬 애벌레는 아주 작고 연약해요. 피부가 얇아서 몸속이 투명하게 비칠 정도랍니다. 애벌레는 부엽토를 먹으며 쑥쑥 자라요.

알껍데기의 틈이 벌어지고 애벌레 머리가 보여요.

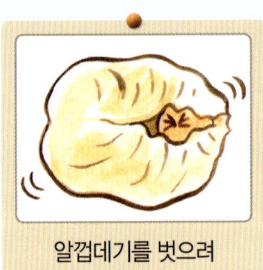
알껍데기를 벗으려 애써요.

몸을 움직이면서 턱 끝으로 알껍데기를 찢어요.

알을 반으로 찢으며 머리가 나와요.

알에서 완전히 나와 1령 애벌레가 되었어요.

시간이 지날수록 머리가 단단해지고 색이 짙어져요.

활동 ・ 장수풍뎅이 애벌레는 왜 허물을 벗나요?

답 단단한 피부가 몸을 감싸고 있어서 몸이 계속 자라려면 작아진 피부 껍질, 즉 허물을 벗어야 하기 때문이에요.

애벌레는 암수를 어떻게 구분할까요?

장수풍뎅이 애벌레는 암컷과 수컷이 똑같이 생겨서 성별을 구별하기가 어려워요. 하지만 구별하는 방법이 아주 없지는 않아요. 3령 애벌레의 배에 V자 모양이 있으면 수컷, 없으면 암컷이지요.

수컷　암컷

와! 신기하다.

❷ 애벌레가 자라요

장수풍뎅이 애벌레는 겨울이 오기 전에 허물을 두 번 벗고 3령 애벌레가 돼요. 애벌레는 허물을 벗을 때마다 몸이 쑥쑥 자라지요. 3령 애벌레는 알에서 갓 나왔을 때보다 몸무게는 1,000~1,500배, 몸길이는 10배나 늘어난다고 해요. 3령 애벌레는 추운 겨울을 땅속에서 보내요. 겨울이 되기 전 먹이를 충분히 먹어 두고, 겨울이 되면 최대한 먹지도 않고 움직이지도 않으며 추위를 견디지요.

장수풍뎅이 애벌레는 깜깜한 땅속에서 여러 마리가 모여 살아요.

1령 애벌레
머리가 크고 몸이 작아요.

2령 애벌레
머리가 2배 정도 커져요.

3령 애벌레
몸 크기가 급격하게 커져요.

애벌레 기간의 반 이상을 3령 애벌레로 보낸답니다.

번데기에서 어른벌레가 되어요

3령 애벌레는 봄이 되면 열심히 먹이를 먹으며 번데기가 될 준비를 해요. 그러다 때가 되면 방을 만들고 가만히 번데기가 되기를 기다려요. 번데기가 될 시기에 가까워질수록 몸 색깔이 점점 진해져요. 번데기는 어른벌레의 모습을 갖추고 다 자라기를 기다리는 시기예요. 번데기가 된 뒤 시간이 지나서 허물을 벗으면 어른벌레가 된답니다.

번데기가 되면 암컷과 수컷을 눈으로 구별할 수 있어요.

❶ 번데기가 돼요

다 자란 애벌레는 번데기 방을 만들어요. 침과 똥으로 벽을 반질반질하게 만든 뒤 며칠 동안 움직이지 않고 번데기가 되기를 기다리지요. 애벌레의 몸은 시간이 지날수록 점점 쭈글쭈글해져요. 1~2주가 지나면 허물을 벗고 번데기로 탈바꿈한답니다.

번데기 방을 만들고 움직이지 않아요.

몸이 쭈글쭈글해진 애벌레는 허물벗기를 준비해요.

머리 부분이 갈라지면서 허물을 벗기 시작해요.

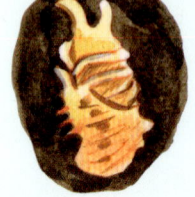

번데기 모양이 드러나요.

몸의 방향을 바꾸며 계속 허물을 벗어요.

완전한 번데기 모양이 되었어요.

❷ 날개돋이를 해요

번데기가 되고 2주 정도가 지나면 허물을 벗고 어른벌레가 돼요. 이것을 '날개돋이'라고 하지요. 날개돋이가 끝나면 물기를 충분히 말리며 몸이 단단해지기를 기다려야 해요.

물기를 말리는 데 보통 1~2주 정도 걸려요.

번데기 색이 점점 짙어지면서 어른벌레의 몸이 나타나요.

허물을 벗어요.

몸을 돌려 뒷날개를 펴요.

❸ 세상 밖으로 나가요

몸을 완전히 말린 장수풍뎅이는 번데기 방을 부수고 밖으로 나와요. 장수풍뎅이는 여름 내내 달콤한 나무 수액을 마음껏 먹으며 열심히 짝짓기를 할 거예요.

우리나라에 사는 장수풍뎅이는 알에서 어른벌레가 되기까지 1년 정도 걸려요.

맛있는 수액을 핥아 먹어요

먹이를 찾아 날아가던 장수풍뎅이 한 마리가 수액이 가득한 참나무를 발견했어요. 나무에 내려앉다 '쿵' 부딪혀 그만 땅바닥으로 떨어지고 말았어요. 장수풍뎅이는 잘 날지만 내려앉을 땐 곧잘 부딪혀요. 몸이 무거워서일까요? 아니면 저녁이라 어두컴컴해서일까요?

장수풍뎅이는 아무 일도 없었던 것처럼 씩씩하게 수액이 흐르는 곳을 찾아가요. 수액을 발견하면 입에서 붓같이 생긴 털을 내밀어 열심히 핥아 먹어요.

한여름 참나무 숲에는 장수풍뎅이 말고도 다양한 곤충들이 모여들지요. 맛있는 수액을 먹기 위해서예요. 참나무는 포근한 엄마 같아요. 먹이도 주고, 잠잘 곳도 주고, 쉴 곳도 주니까요.

> 수액이 많이 나오는 좋은 자리는 늘 힘센 장수풍뎅이가 차지해요.

활동 근처에 참나무 숲이 있다면, 저녁때쯤 가서 어떤 곤충들이 참나무에 붙어서 수액을 핥는지 찾아보세요.

핥는 입, 씹는 입, 빠는 입

곤충은 살아가는 환경과 먹이에 따라 입 모양이 달라요. 곤충마다 정해진 먹이를 편하게 먹을 수 있도록 입 모양이 발달해 왔답니다. 곤충의 입은 크게 '핥는 입'과 '씹는 입', '빠는 입'으로 나눌 수 있어요.

핥는 입

장수풍뎅이와 사슴벌레의 입은 핥는 입이에요. 장수풍뎅이는 입에서 붓같이 생긴 털을 내밀어 나무의 수액을 핥아 먹지요. 파리도 입에 달린 '순판'이라는 기관으로 먹이를 핥아 먹는답니다.

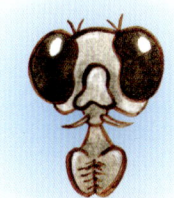

파리는 순판으로 먹이를 핥아 먹어요.

씹는 입

씹는 입에는 한 쌍의 큰 턱과 작은 턱이 달려 있어요. 큰 턱에는 날카로운 이빨이 있지요. 턱은 왼쪽과 오른쪽으로 나뉘어 있어서 두 턱이 마주치면서 음식을 씹어요. 마치 손뼉을 치는 것처럼요. 씹는 입을 가진 곤충으로는 메뚜기, 여치, 방아깨비, 사마귀 등이 있어요. 씹는 입을 가진 곤충은 다른 곤충을 잡아먹거나 식물의 이파리를 먹어요.

메뚜기는 턱을 좌우로 움직여 씹어 먹어요.

빠는 입

빠는 입은 빨대처럼 생긴 가늘고 긴 입을 말해요. 액체 상태의 먹이를 먹기에 아주 좋은 입이지요. 빠는 입은 나비나 나방처럼 평소 둥글게 말려 있다가 긴 입을 뻗어 꿀이나 물 등을 빨아 먹는 입, 모기나 매미처럼 입을 먹이에 찔러 넣어 빨아 마시는 입으로 나뉘어요.

나비는 둥글게 말린 입을 쭉 뻗어 먹이를 빨아 먹어요.

매미는 주삿바늘처럼 뾰족한 입을 찔러 먹이를 빨아 마셔요.

빠는 입은 기능에 따라 '빠는 입'과 '찌르는 입'으로 구분하기도 해요.

생각 더하기

장수풍뎅이의 천적

장수풍뎅이는 덩치가 크고 힘이 장사라서 참나무 숲 곤충들 중 누구도 쉽사리 건드리지 못해요. 장수풍뎅이가 나타나면 다른 곤충들이 슬금슬금 자리를 내줄 정도예요. 하지만 숲에는 다양한 동물들이 사는 만큼 장수풍뎅이를 위협하는 천적들도 의외로 많답니다.

장수풍뎅이를 위협하는 사람

작은 곤충을 잡아먹는 동물들에게 장수풍뎅이는 좋은 먹잇감이에요. 다람쥐와 청설모, 올빼미와 부엉이, 족제비와 여우 같은 동물들은 종종 장수풍뎅이를 잡아먹어요.

하지만 이들보다 더 무서운 적이 있어요. 바로 사람이지요. 사람들이 산림을 마구 개발하는 바람에 장수풍뎅이를 비롯한 수많은 동물들의 보금자리가 점점 줄어들고 있어요. 또 사람들이 서식지 주변을 개발하면서 밤새도록 켜 놓는 불빛을 향해 몰려들었다가, 다시 숲으로 돌아가지 못하고 죽는 장수풍뎅이도 많아요. 그러니 숲을 무분별하게 개발하는 일을 당장 멈춰야 해요.

장수풍뎅이를 괴롭히는 진드기

진드기는 너무너무 작아서 장수풍뎅이의 적수가 되지 못할 것 같아 보여요. 하지만 여러 마리가 장수풍뎅이의 몸에 붙어 체액을 빨아먹으면 장수풍뎅이는 견디지 못해요. 심하면 죽을 수도 있지요. 또 진드기는 장수풍뎅이 애벌레의 몸에 붙어서 체액을 빨아먹기도 한답니다.

애벌레를 잡아먹는 두더지

두더지는 땅속에서 주로 생활하는 동물이에요. 땅을 파서 각종 동물의 애벌레, 번데기, 지렁이, 달팽이 등을 잡아먹지요. 장수풍뎅이 애벌레도 두더지가 좋아하는 먹이 중 하나예요.

장수풍뎅이를 괴롭히는 톱밥파리

톱밥파리는 집에서 장수풍뎅이를 기를 때 자주 나타나는 곤충이에요. 톱밥의 상태가 깨끗하지 않을 때 잘 생기지요. 장수풍뎅이가 사는 사육 상자 안에 톱밥파리가 생기면, 순식간에 번식해서 집 안 곳곳으로 퍼져요. 발견 즉시 모조리 없애고 사육 상자를 깨끗이 청소해야 한답니다.

장수풍뎅이 채집하기

장수풍뎅이는 참나무 숲에 살아요. 하지만 참나무 숲에 가더라도 아무 때나 볼 수 있는 것은 아니에요. 알맞은 계절과 시간에 가야만 만날 수 있어요. 장수풍뎅이를 채집하고 싶다면 다음 세 가지를 꼭 알아야 해요.

첫째, 장수풍뎅이 어른벌레는 여름에 참나무 숲에서 볼 수 있어요. 숲 주변에 물가가 있다면 찾을 가능성이 높아요. 물가 근처 참나무에 수액이 풍부하기 때문이에요. 장수풍뎅이들은 7월 중순에서 8월 중순 사이에 가장 활발하게 활동해요.

둘째, 장수풍뎅이 애벌레는 부엽토와 퇴비 더미 속에서 살아요. 요즘에는 표고버섯 농사를 짓고 나서 쌓아 둔 나무 아래에서도 많이 발견돼요.

셋째, 장수풍뎅이는 주로 밤에 돌아다녀요. 낮에는 낙엽이나 나무 밑에서 쉬다가 해가 지면 활동해요.

채집 장소와 활동하는 시기를 알았으니 이제 채집에 나서 볼까요? 그 전에 안전하게 채집하기 위한 주의 사항을 먼저 알아봐요.

! 주의 사항

- 혼자 가면 위험해요. 꼭 어른들과 함께 가세요.
- 뱀이나 다른 위험한 동물들은 없는지 주변을 살펴요.
- 위험한 상황에 대비하여 지도나 휴대폰을 꼭 챙겨요.
- 채집이 금지된 곳이나, 너무 깊은 숲속에서는 채집하지 않아요.

> 내가 키울 수 있을 만큼만 채집해야 해요. 욕심을 부리면 안 돼요.

채집할 때 필요해요

• 몸을 보호하기 위한 준비물

다치는 것을 예방하고, 각종 벌레나 독풀 등으로부터 몸을 보호하기 위해 모자, 긴팔 윗도리와 긴 바지, 장갑, 등산화 등이 필요해요.

> 덥다고 팔다리를 내놓으면 나무나 풀에 긁히거나 모기에게 물릴 수 있으니 주의!

모자

긴팔 윗도리와 긴 바지

장갑

등산화

어른벌레 채집하기

어른벌레는 주로 밤에 채집해요.

눈으로 보고 채집해요
낮에 수액이 많은 나무를 미리 찾아서 기억해 놓았다가, 밤에 다시 와서 채집해요. 낮에 벌레가 많이 모인 나무, 시큼한 냄새가 나는 나무가 수액이 많은 나무랍니다.

함정으로 채집해요
바나나 같은 과일을 양파망에다 넣고 즙이 나올 정도로 주무른 뒤, 소주를 약간 뿌리면 장수풍뎅이가 좋아하는 향이 나와요. 이것을 나뭇가지에 걸어 놓고 하루나 이틀 정도 기다리면 돼요.

불빛으로 채집해요
가로등 근처로 가거나, 환한 불빛을 내는 등을 켜 놓으면 온갖 벌레들이 모여들어요. 하지만 보름달이 뜬 환한 밤이나 비바람이 심한 날, 온도가 낮은 날은 벌레를 잡기에 적합하지 않아요.

애벌레 채집하기

애벌레는 낮에도 채집할 수 있어요.

애벌레는 썩은 참나무가 부엽토와 섞여 있는 곳, 낙엽이 쌓인 부엽토, 농가의 퇴비를 쌓아 둔 곳, 표고버섯 농장의 폐목 더미 아래 등에 많이 살아요. 장수풍뎅이는 애벌레 상태로 겨울을 나기 때문에 애벌레는 한겨울에도 채집할 수 있어요.

• 장수풍뎅이를 잡고 보관하기 위한 준비물
장수풍뎅이를 잡을 포충망, 빛을 비추는 손전등, 채집한 벌레를 보관할 채집통과 지퍼백, 각종 물건들을 보관할 배낭이 필요해요.

• 기타
모기약이나 연고 등 간단한 비상약을 챙겨 가면 좋아요.

포충망(잠자리채) · 손전등 · 채집통과 지퍼백 · 배낭 · 비상약

사육 상자 꾸미기

예전에는 장수풍뎅이를 직접 채집해야만 기를 수 있었어요. 요즘은 애완동물 가게나 생태 체험장 같은 곳에서 쉽게 구할 수 있고 인터넷으로도 주문할 수 있지요. 하지만 쉽게 구할 수 있다고 해도 소중한 생명이니 함부로 다루어서는 안 돼요. 싫증이 났다고 함부로 버려서도 안 되고요.

사육 용품 준비하기

장수풍뎅이를 기르려면 가장 먼저 사육 용품을 준비해야 해요. 요즘은 갖가지 사육 용품을 한꺼번에 묶어서 팔아요. 꼭 필요한 것을 미리 알아 두면 불필요한 것은 사지 않아도 되겠지요?

플라스틱 통에 공기가 드나들 수 있는 작은 구멍을 뚫어서 사육장으로 쓰기도 해요.

사육장

장수풍뎅이를 키우는 집이에요. 주로 투명한 플라스틱으로 되어 있어요. 크기는 다양하지만 장수풍뎅이가 움직일 공간이 충분하도록 큰 것이 좋아요.

톱밥

사육장 바닥에 깔아요. 부엽토를 써도 되지만 관리가 편한 발효 톱밥을 주로 써요. 톱밥에다 여러 가지 영양소를 넣고 발효시킨 것이 발효 톱밥이에요.

애벌레용 톱밥과 어른벌레용 톱밥을 구분해서 쓰기도 해요.

곤충 젤리

장수풍뎅이의 먹이예요. 젤리 대신 바나나나 사과 같은 과일을 줘도 되지만 초파리가 생기기 쉬워요. 단백질이 든 곤충 젤리를 주면 암컷이 튼튼한 알을 낳는 데 도움이 돼요.

먹이 접시

잘 뒤집히지 않아서 먹이가 밖으로 흐르지 않아 사육 상자를 깨끗하게 관리할 수 있어요. 짝짓기 장소로도 이용돼요.

놀이나무

장수풍뎅이가 뒤집혔을 때 잡고 일어나도록 도와줘요. 장수풍뎅이는 한번 뒤집히면 일어나기 어렵기 때문에 놀이나무가 꼭 필요해요.

방충 시트

벌레가 생기는 것을 막아 주고, 톱밥의 수분이 날아가는 것을 막아 톱밥을 촉촉하게 유지해 줘요.

사육 상자의 톱밥이 말랐다면 분무기로 물을 뿌려 주세요.

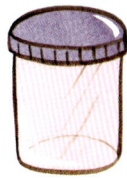

애벌레 사육병

애벌레가 어느 정도 자라면 한 마리씩 따로 기르는 플라스틱병이에요. 페트병이나 유리병을 사용해도 돼요.

장수풍뎅이를 자세히 관찰할 수 있는 돋보기, 먹이를 갈거나 장수풍뎅이를 꺼낼 때 사용할 핀셋 등도 준비해 두면 좋아요.

사육 상자 만들기

사육 용품 준비가 끝나면, 사육 상자를 만드는 것은 그리 어렵지 않아요.

1. 톱밥 채우기

사육장 바닥에 높이가 10센티미터 이상 되게 톱밥을 채워요. 암컷이 톱밥 속에 들어가 알을 낳기 때문에 충분히 채우는 것이 좋아요.

2. 먹이 접시와 놀이나무 배치하기

장수풍뎅이가 뒤집혀도 붙잡고 일어날 수 있게 먹이 접시와 놀이나무를 잘 배치해요.

3. 곤충 젤리와 장수풍뎅이 넣기

곤충 젤리를 먹이 접시에 꽂고, 장수풍뎅이를 사육 상자에 넣어요.

기르기 쉬운 어른벌레

사육 상자까지 만들었다면 이제 열심히 기르기만 하면 돼요. 장수풍뎅이는 먹이만 잘 주면 큰 어려움 없이 키울 수 있어요. 다만 너무 더우면 죽을 수도 있으니, 사육 상자의 온도는 늘 25도 안팎으로 유지해 주어야 해요. 그리고 사육 상자는 어둡고 햇빛이 곧장 비치지 않는 곳에 두어야 한답니다.

먹이로는 곤충 젤리를 추천해요. 과일을 줘도 되지만 과습 때문에 벌레가 꼬일 수 있답니다.

장수풍뎅이는 이렇게 지내요

낮에는 톱밥 속에 숨어서 쉬거나 잠을 자다 밤이 되면 활발하게 움직여요.

수컷이 짝짓기를 하려고 계속 암컷을 귀찮게 해요.

암컷은 짝짓기를 마치면, 톱밥 속에 숨어서 잘 나오지 않아요.

★ 주의하세요 ★

잘 보이지 않는다고 자꾸 톱밥을 헤집으면 스트레스를 받아요. 밤이 되면 활발하게 움직이니 기다리세요.

암컷이 스트레스 받을 수 있으므로 암수를 분리해요.

적당한 시기에 암수를 분리하면 좀 더 오래 키울 수 있어요.

알 낳을 준비를 하는 것이니 되도록 건드리지 말아요.

장수풍뎅이 몸에 생긴 진드기는 어떻게 없애나요?

톱밥이 너무 축축하거나, 과즙이 많은 과일을 먹고 치우지 않거나, 다 먹은 젤리 껍질을 빨리 치워 주지 않으면 진드기가 생기기 쉬워요. 장수풍뎅이 몸에 진드기가 붙어 있으면 흐르는 물에 대고 칫솔로 살살 문질러 없애 주세요. 쓰던 톱밥을 냉동실에 넣어서 얼리면 진드기를 없앨 수 있어요.

장수풍뎅이는 이렇게 지내요

암컷은 톱밥 속에 숨어서 알을 낳고, 위로 올라와 먹이를 먹고 다시 톱밥 속으로 들어가기를 반복해요.

키우기 시작한 지 한두 달이 지나 장수풍뎅이가 죽었어요.

★ 주의하세요 ★

톱밥을 자꾸 헤집으면 암컷이 스트레스를 받아 알 낳기를 멈출 수 있으니 주의하세요.

톱밥 속에서 장수풍뎅이가 죽기 전에 낳은 알이나 애벌레를 발견하면, 태어난 곳에서 자라게 그대로 두어요.

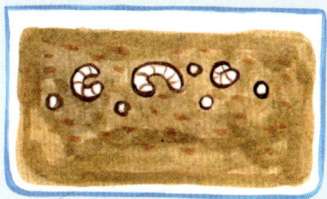

✓ 장수풍뎅이를 기르기 전에 약속해요

	예	아니오
• 귀중한 생명이니 장난감처럼 가지고 놀지 않는다.	☐	☐
• 숲에서 직접 채집할 때 너무 많이 잡지 않는다.	☐	☐
• 집에서 기를 때 장수풍뎅이가 지내기 편한 환경을 만들어 준다.	☐	☐
• 너무 자주 만지거나 사육장을 건드려서 스트레스를 주지 않는다.	☐	☐
• 장수풍뎅이가 잘 지내는지 하루에 한 번 이상 꼭 살펴본다.	☐	☐
• 장수풍뎅이에 대해 공부한다.	☐	☐

자연 상태에서 어른벌레는 짝짓기와 알 낳기를 마치면 죽지만, 집에서 기를 땐 좀 더 오래 살기도 해요.

기르는 재미가 있는 애벌레

장수풍뎅이 애벌레는 몸이 계속 자라며 변화하는 모습을 볼 수 있어서 키우는 재미가 쏠쏠해요. 어른벌레처럼 너무 덥지 않고 해가 직접 비치지 않는 곳에서 키우면 된답니다.

사슴벌레는 장수풍뎅이처럼 여러 마리를 함께 기를 수 없어요.

알과 1~2령 애벌레

알이나 1령 애벌레는 매우 연약해요. 그래서 최대한 건드리지 않고 키우는 것이 좋아요. 어른벌레가 모두 죽었다면 원래 태어난 톱밥 속에서 키우면 돼요. 하지만 어른벌레가 살아 있을 때는 다른 곳으로 옮겨서 길러야 한답니다. 곤충을 전문적으로 키우는 농장에서는 커다란 플라스틱 상자에 알을 받아서 여러 마리를 같이 키우기도 해요.

2~3령 애벌레

애벌레가 2~3령으로 접어들면 몸이 꽤 커져요. 여러 마리를 같이 키우면 공간이 부족하다고 느껴질 수도 있어요. 이럴 때는 일부를 다른 곳으로 옮기는 것이 좋아요.

이 시기에는 톱밥을 사육병이나 사육 상자 위까지 꾹꾹 채워 주어야 해요. 애벌레가 톱밥을 아주 많이 먹기 때문이에요. 애벌레는 톱밥을 열심히 먹고 수박씨 모양의 똥을 싸요. 이렇게 똥이 쌓이면 윗부분의 똥을 걷어 내고 새 톱밥을 채워 줘야 해요. 이때 환경이 갑자기 변하면 애벌레가 힘들어할 수 있으니, 기존 톱밥의 3분의 1 정도는 남겨 두는 것이 좋답니다.

 **활동** 생톱밥에 당분과 포도당, 밀기울, 글루텐, 맥주효모, 도토리 가루 등 영양분을 넣고 숙성해서 발효 톱밥을 직접 만들어 보세요.

애벌레가 먹이를 먹지 않고 자꾸 위로 올라와요

애벌레가 톱밥 위로 올라오는 데는 몇 가지 이유가 있어요. 우선 톱밥에 똥이 가득 차서 먹을 것이 없거나, 더워서 숨쉬기가 힘들 때예요. 이럴 땐 톱밥을 새로 갈아 주거나 덥지 않게 해 주어야 해요. 애벌레가 병에 걸려도 위로 올라와요. 애벌레의 몸에 검은색 점이 많이 생겼거나 검게 변했다면 곧 죽는다는 신호예요. 톱밥의 상태가 좋지 않아서 번데기 방을 만들지 못할 때도 올라와요. 이럴 때는 인공 번데기 방을 만들어서 그곳으로 옮겨 주면 돼요.

번데기

애벌레가 방을 만들고 그 안에서 움직이지 않고 있으면 번데기가 되려고 하는 거예요. 이때는 사육병을 가만히 두고 절대로 흔들지 말아야 해요. 그런데 애벌레가 번데기 방을 만든 줄 모르고 톱밥을 갈다가 번데기 방을 부술 때가 있어요. 이럴 때는 인공 번데기 방을 만들어 줘야 해요. 만약 번데기가 우화하는 모습을 관찰하고 싶다면 인공 번데기 방을 이용하면 된답니다.

> 장수풍뎅이 인공 번데기 방은 세로로 만들어요. 사슴벌레의 경우에는 가로로 만든답니다.

종이컵과 티슈, 휴지 심으로 번데기 방 만들기

❶ 종이컵에 티슈를 깔고 분무기로 물을 뿌려 티슈를 적셔요.

❷ ❶에 휴지 심을 꽂아요.

❸ 휴지 심 안에 장수풍뎅이 번데기를 세워 놓아요.

오아시스로 번데기 방 만들기

❶ 꽃꽂이용 오아시스를 물에 담가요.

❷ 오아시스 일부를 애벌레나 번데기보다 크게 세로로 파내요.

❸ 파낸 곳에 장수풍뎅이 번데기를 올려놓아요.

장수풍뎅이로 실험해 봐요

가설이란 모르는 일에 대해서 추측하고, 가정해서 설명하는 것을 말해요.

나도 과학자들처럼 과학적 사실을 알아낼 수 있을까요? 과학적 사실은 '관찰하고 의문 제기하기 → 가설 세우고 예측하기 → 실험하기 → 실험 결과 해석하기'의 순서로 알아낼 수 있어요. 실험한 결과 가설이 맞았다면 받아들이고, 틀렸다면 그럴듯한 다른 가설을 세워서 다시 실험해요. 실험할 때는 혼자서 간단히 해도 좋고, 친구들과 힘을 합쳐서 해도 좋아요.

 실험 주제 불빛이 장수풍뎅이의 번식력에 영향을 미칠까?

 실험 방법

① 모든 조건이 똑같은 사육 상자를 2개 준비해요. 이때 톱밥은 장수풍뎅이가 바닥에 숨어 있어도 불빛을 조금은 받을 수 있는 두께로 깔아요.
② 각 사육 상자에 암수 장수풍뎅이를 한 쌍씩 넣어요. 이때 암수 장수풍뎅이는 갓 부화한 것 + 비슷한 크기로 선택해요.
③ 온도, 공기 등 모든 조건이 동일한 각각의 방에 사육 상자를 하나씩 넣고, 똑같은 곤충 젤리를 3일에 한 번씩 같은 시간에, 같은 양만큼 넣어 주어요.
④ 한쪽 방에만 밤부터 아침까지 불을 켜놔요.
⑤ 2개월 정도면 짝짓기를 하고 알을 낳으므로, 그때쯤 알의 개수가 몇 개인지 그리고 크기가 어떤지 비교해 봐요.

가설 장수풍뎅이는 주로 밤에 활동하는 야행성이므로, 사육 상자에 불빛을 비추면 스트레스를 받아서 알을 적게 낳을 것이다.

결과 밤새 불을 켜놓은 방에 있던 암컷 장수풍뎅이가 낳은 알의 개수가 약간 더 적었다. 알 크기도 조금 더 작았다. 따라서 가설은 맞다고 볼 수 있다.

실험 주제 전자파가 장수풍뎅이의 생태에 영향을 미칠까?

 실험 방법
① 모든 조건이 똑같은 사육 상자를 2개 준비해요.
② 각 사육 상자에 암수 장수풍뎅이를 한 쌍씩 넣어요. 이때 암수 장수풍뎅이는 갓 부화한 것 + 비슷한 크기로 선택해요.
③ 똑같은 곤충 젤리를 3일에 한 번씩 같은 시간에, 같은 양만큼 넣어 주어요.
④ 사육 상자 2개를 TV 화면 기준 30센티미터 이내에 두어요.
⑤ 그중 1개는 전자파를 막아 주는 알루미늄 포일로 주위를 둘러싸요. 이때 공기가 통하도록 지붕은 빼고 벽만 둘러싸요.
⑥ 장수풍뎅이의 활동 모습, 줄어든 곤충용 젤리의 양 등을 비교, 관찰해요.

가설

결과

61

관찰 일지를 써 보세요

관찰 일지란 식물이나 동물의 변화 과정을 날짜별로 기록한 것이에요. 일기를 쓰듯 꾸준히 기록을 남기면 해당 동식물의 한살이에 대해서 알 수 있어요. 또 기를 때 실수하거나 문제가 되었던 점을 기록해 두면 다시 기를 때 큰 도움이 되지요.

장수풍뎅이를 기르게 되었다면 관찰 일지를 써 보세요. 매일매일 관찰하면서 변화된 점이나 새롭게 알게 된 것이 있다면 간단하게 쓰고 그림으로 그리면 돼요. 또 궁금한 점이 있다면 일지에 적어 놓고 더 깊이 탐구해 보세요. 문제를 해결해 나가는 과정 속에서 탐구의 즐거움을 느끼게 될 거예요.

관찰 일지 쓰는 법

관찰한 날짜를 써요. 관찰한 장소를 써요. 관찰한 대상을 써요.

날짜	7월 30일	장소	우리 집	관찰 대상	장수풍뎅이

장수풍뎅이 암수 한 쌍이 7월 22일에 우리 집에 왔다. 처음에는 톱밥 속에서 나오지 않아 아픈 게 아닌지 걱정했는데, 밤이 되자 신나게 돌아다녔다. 장수풍뎅이들은 저녁만 되면 톱밥 위로 올라와 먹이를 먹고 날아다니며 논다. 수컷이 암컷보다 활발하다.

오늘은 암컷과 수컷이 짝짓기를 했다. 요 며칠 수컷이 암컷을 계속 쫓아다녔는데, 암컷은 싫은지 자꾸 피했다. 그런데 오늘은 수컷이 다가와도 가만히 있었다. 수컷은 젤리를 먹는 암컷에게 다가가 짝짓기에 성공했다.

채집이나 견학, 체험 학습을 가서 관찰한 것을 관찰 일지로 써도 된답니다.

관찰한 내용을 글로 쓰고 그림으로 그려요.
사진을 찍어 붙여도 좋아요.
관찰 내용은 절대로 꾸며 쓰면 안 돼요.
사실만을 솔직하게 써야 한답니다.

설명	수컷이 짝짓기하려고 하면 암컷이 몸을 빼며 피했다. 20분 정도 짝짓기를 한 것 같다.

| 날짜 | 8월 8일 | 장소 | 우리 집 | 관찰 대상 | 장수풍뎅이 |

사육 상자 안의 톱밥이 한쪽 벽 쪽으로 불룩 솟아 있었다. 보기가 좋지 않아서 평평하게 정리하는데 뭔가 손에 닿는 느낌이 들었다. 알이었다. 조심스럽게 찾아보니 알이 17개나 있었다. 그런데 주변에 깨진 알도 보였다. 장수풍뎅이가 톱밥을 헤집다 깨뜨린 모양이다. 얼른 숟가락으로 건져서 다른 통에다 톱밥을 깔고 넣어 두었다.

| 설명 | 알은 하얗고 동글동글하다. |

| 날짜 | 8월 23일 | 장소 | 우리 집 | 관찰 대상 | 장수풍뎅이 |

오늘 아침에 사육장을 보니 암컷 장수풍뎅이가 뒤집혀 있었다. 몸을 바로 해 주려고 잡았더니 이상하게 축축했고, 힘이 하나도 없었다. 자세히 관찰해 보니 체액을 흘리며 죽어 가는 상태였다. 암컷 장수풍뎅이는 점심때 즈음 하늘나라로 떠나고 말았다. 다행히도 새로운 생명들은 쑥쑥 자라고 있다. 애벌레가 알을 깨고 나왔다. 알에서 갓 나온 애벌레는 하얗고 속이 투명했다.

| 설명 | 꽁무니에서 체액을 흘리며 죽었다. | 설명 | 몸이 하얗고 투명하며 매우 약해 보인다. |

나만의 곤충 노트를 만들어요

장수풍뎅이를 좋아한다면 왜 좋아하는지, 어떤 점이 아쉬운지, 궁금한 점은 무엇인지 등을 생각해서 노트에 정리해 보세요. 같은 식으로 사슴벌레, 꿀벌, 개미 등 좋아하는 다른 곤충들도 정리하면 나만의 곤충 노트가 완성돼요. 아래의 헤라클레스왕장수풍뎅이를 참고하여 좋아하는 장수풍뎅이를 골라 노트를 채워 보세요.

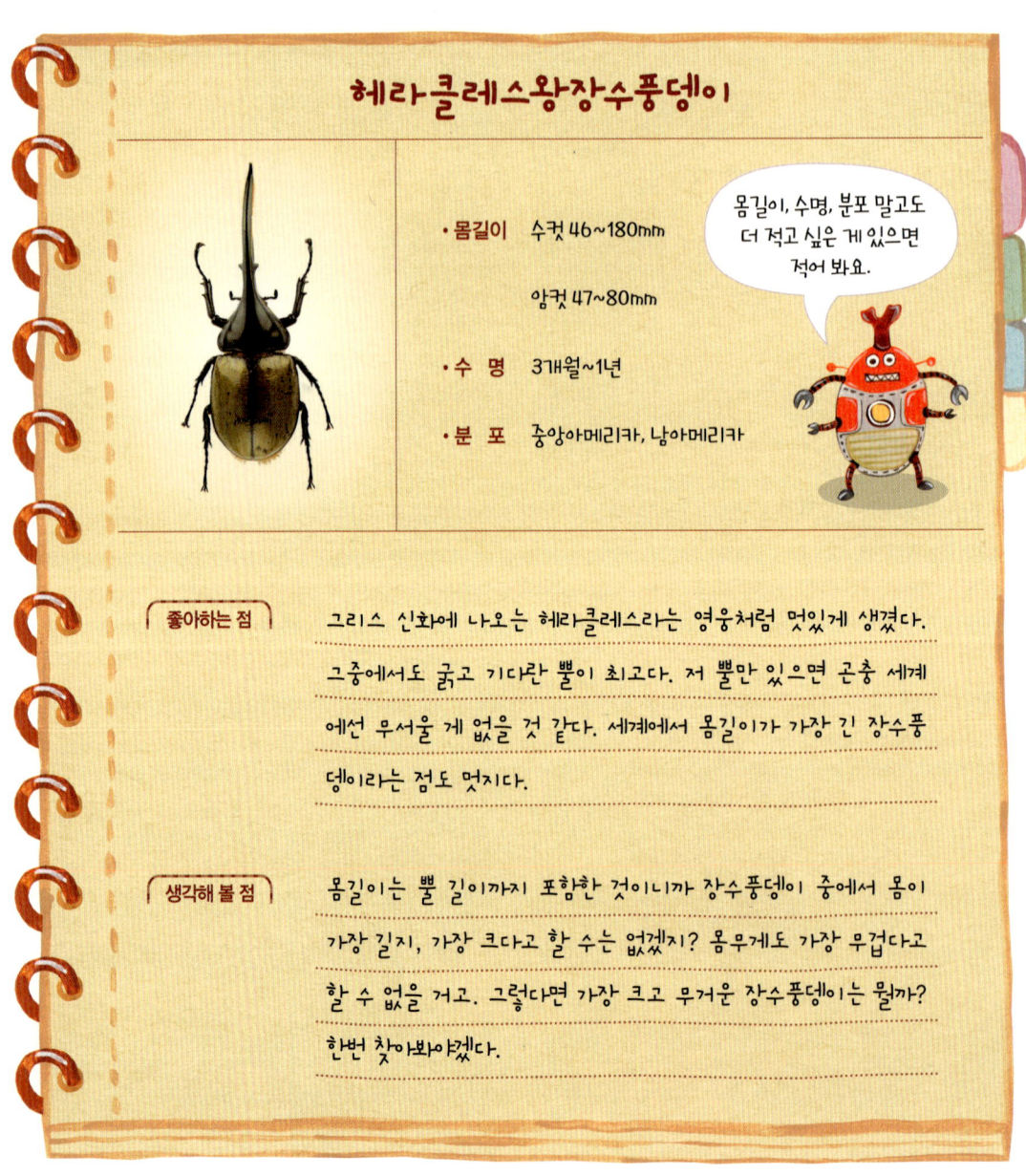

• 몸길이

• 수 명

• 분 포

사진이나 그림을 오려 붙이거나, 직접 그려 보세요.

[좋아하는 점]

[생각해 볼 점]

생각해 볼 점에는 좋아하는 점 외에 궁금한 것, 아쉬운 것 등을 자유롭게 써 보세요.

표본을 만들어 봐요

표본은 반드시 죽은 동물로만 만드세요.

표본이란 자연물의 전체나 일부분을 연구나 교육용으로 보존할 수 있도록 만든 것이에요. 곤충을 표본으로 만들면 생김새를 아주 세밀하게 관찰할 수 있고 오래도록 변하지 않게 보관할 수 있어요.

표본에 필요한 준비물

곤충 핀

전용 핀은 스테인리스로 만들어져 녹이 슬지 않고, 길이도 길어서 표본을 만들 때 꼭 필요해요.

표본 상자

곤충을 오래 보관하기 위해서 필요해요. 표본 상자는 표본을 갉아 먹는 벌레들을 막아 줘요.

라벨

언제, 어디서 채집했는지, 채집자가 누구인지 등을 적어 놓은 것이에요. 곤충 연구에서 아주 중요한 정보이지요.

평균대

곤충 표본과 라벨의 높이를 일정하게 맞추어 정렬하는 데 필요해요.

전족판

곤충의 딱딱한 다리를 펴서 고정할 때 사용하는 판이에요. 우드락이나 스티로폼을 많이 써요.

핀셋

곤충을 전족할 때처럼 정교한 작업이 필요할 때 써요.

이 밖에도 순간접착제, 붓, 진주 핀 등이 필요해요.

 표본은 어떤 순서로 만드나요?

답 문충잡기, 건조하기, 전족하기, 표본 상자에 넣기, 라벨 붙이기, 보관 및 관찰.

표본 만들기

표본 만들기는 크게 연화하기, 전족하기, 건조하기, 표본 상자에 보관하기의 순으로 이루어져요. 연화란 죽어서 몸이 말라 딱딱해진 곤충을 뜨거운 물속에 넣어서 부드럽게 만드는 거예요. 연화가 끝나면 다리와 더듬이를 펴서 고정해요. 이것을 전족이라고 해요. 전족판에 핀을 박아서 몸을 고정하고 다리와 더듬이를 펴서 원하는 모양으로 만들지요. 이렇게 고정한 상태로 2주 이상 건조한 뒤, 표본 상자에 넣고 이름표를 붙여서 보관하면 된답니다.

막 죽은 곤충은 부드러워서 연화하지 않아도 돼요.

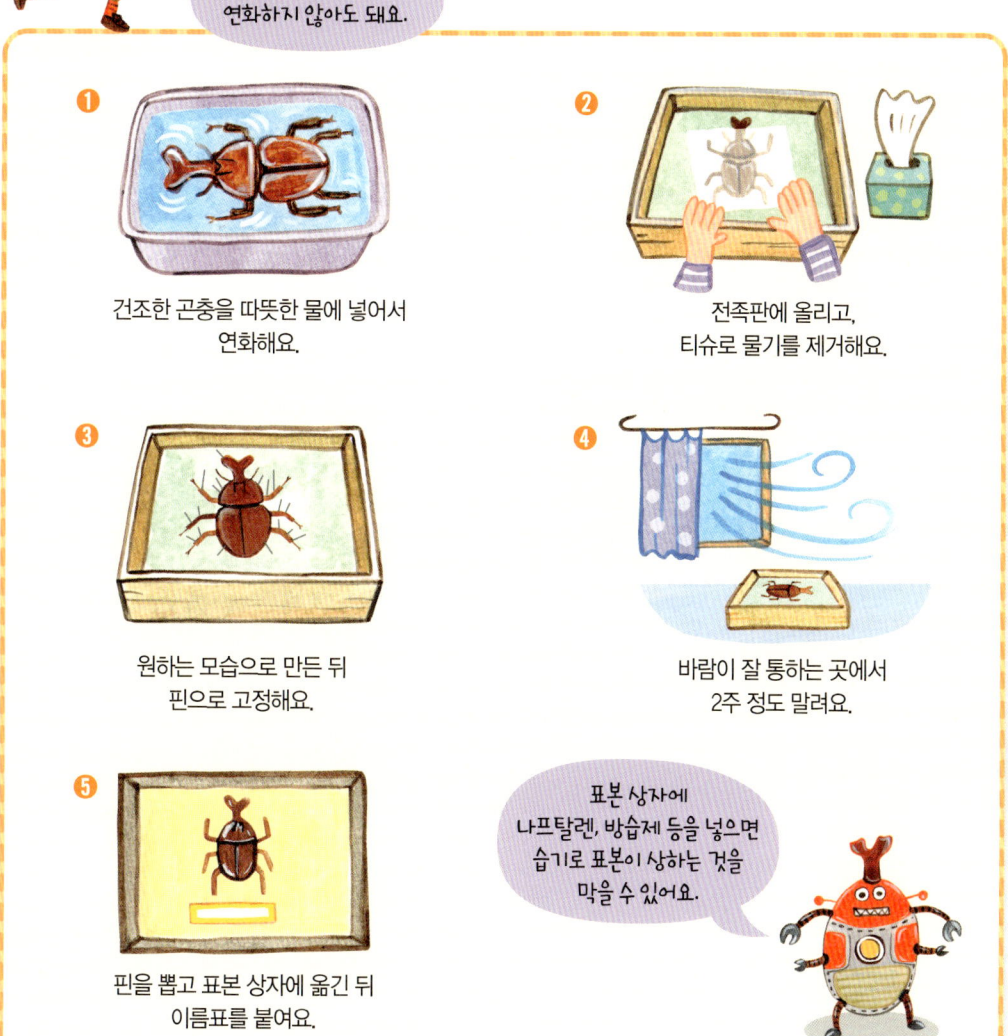

❶ 건조한 곤충을 따뜻한 물에 넣어서 연화해요.

❷ 전족판에 올리고, 티슈로 물기를 제거해요.

❸ 원하는 모습으로 만든 뒤 핀으로 고정해요.

❹ 바람이 잘 통하는 곳에서 2주 정도 말려요.

❺ 핀을 뽑고 표본 상자에 옮긴 뒤 이름표를 붙여요.

표본 상자에 나프탈렌, 방습제 등을 넣으면 습기로 표본이 상하는 것을 막을 수 있어요.

더 궁금한 것을 묻고 답해요

Q1 장수풍뎅이 애벌레는 똥을 엄청 누던데, 어른벌레가 되어도 똥을 많이 싸나요?

장수풍뎅이 어른벌레와 애벌레는 서로 먹이가 달라요. 그래서 배설물도 서로 다르답니다. 고체인 부엽토를 먹는 애벌레는 똥을 누고, 액체인 나무 수액을 먹는 어른벌레는 오줌을 싸지요. 재미있는 점은 장수풍뎅이는 오줌을 쌀 때 강아지처럼 한쪽 다리를 든다는 거예요.

사슴벌레 애벌레

장수풍뎅이 애벌레

Q2 참나무 숲에서 애벌레를 채집했는데, 사슴벌레인지 장수풍뎅이인지 모르겠어요. 둘은 어떻게 구별하나요?

썩은 참나무 속에서 발견했다면 사슴벌레 애벌레이고, 낙엽 밑의 흙 속이나 썩은 나무 아래, 퇴비 속에서 발견했다면 장수풍뎅이 애벌레예요. 사슴벌레는 나무속에 알을 낳고, 장수풍뎅이는 부엽토 속에 알을 낳거든요. 두 애벌레는 생김새도 달라요. 머리 부분이 주황색이면 사슴벌레 애벌레, 까만색이면 장수풍뎅이 애벌레랍니다.

Q3 장수풍뎅이는 몸이 무거워 보이던데 오랫동안 날 수 있나요?

장수풍뎅이는 몸이 무거워서 나비나 잠자리처럼 사뿐히 날지는 못해요. 먼 거리를 날지도 못하지요. 하지만 먹이나 짝을 찾아 열심히 날아다녀요. 딱지날개를 펼쳐 중심을 잡고, 속날개를 파닥거리며 하늘을 날아요. 이때 다리는 저마다 다른 방향으로 펼친답니다.

Q4 장수풍뎅이를 만지고 싶은데 어떻게 잡아야 하지요?

장수풍뎅이를 잡을 때는 조심해야 해요. 발톱이 날카로워 손등이나 팔 위에 올려놓았다가 긁힐 수 있거든요. 또 힘이 좋아서 잘못 잡으면 놓치기 쉬워요. 앞가슴등판에 있는 작은 뿔(가슴뿔)을 잡거나 뒤쪽에서 앞가슴등판을 잡아요.

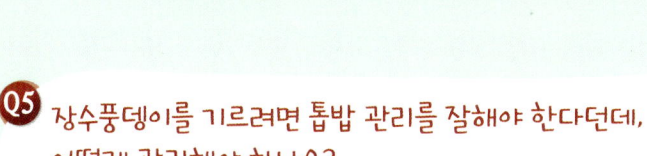

가슴뿔이나 앞가슴등판을 잡는 것이 안전해요.

Q5 장수풍뎅이를 기르려면 톱밥 관리를 잘해야 한다던데, 어떻게 관리해야 하나요?

톱밥은 애벌레의 먹이이자 암컷 장수풍뎅이가 알을 낳는 장소이므로 늘 깨끗하게 관리해야 해요. 그리고 수분이 적절해야 해요. 너무 축축하면 곰팡이나 진드기, 톱밥파리가 생기 쉽고, 너무 건조하면 알이 부화하는 데 문제가 생길 수도 있어요. 손으로 쥐었을 때 적당히 뭉쳐지고 물이 흐르지 않을 정도로 수분을 유지하는 것이 좋아요. 보습 시트를 설치해서 물기가 지나치게 마르는 것을 막고, 건조한 겨울철에는 분무기로 물을 뿌려 적당히 수분을 공급해 주어야 해요.

Q6 장수풍뎅이가 우화하여 막 어른벌레가 되었어요. 바로 꺼내서 관찰해도 되나요?

절대로 안 돼요. 몸의 물기를 말리는 시간이 필요하거든요. 물기가 다 말라야 몸이 갑옷처럼 단단해져요. 적어도 1~2주 정도는 그대로 내버려 두세요. 이 기간에는 아무 것도 먹지 않기 때문에 먹이도 필요 없어요.

장수풍뎅이 탐구 활동을 해 보세요

이 책에 나온 장수풍뎅이들이에요. 정답을 모르겠거든 다시 앞으로 가서 읽어 보세요.

장수풍뎅이

1. 암컷 장수풍뎅이에게도 뿔이 있나요?
2. 야생 상태에서 장수풍뎅이가 어른벌레로 사는 기간은 얼마나 되나요?
3. 장수풍뎅이 애벌레의 좋은 먹이로, 썩은 낙엽이 쌓인 흙을 무엇이라고 하나요?

외뿔장수풍뎅이

1. 외뿔장수풍뎅이의 딱지날개에는 어떤 무늬가 새겨져 있나요?
2. 외뿔장수풍뎅이는 나무 수액 외에 무엇을 먹나요?
3. 외뿔장수풍뎅이의 수명은 얼마나 되나요?

둥글장수풍뎅이

1. 둥글장수풍뎅이는 우리나라의 어디에서 볼 수 있나요?
2. 둥글장수풍뎅이의 몸길이는 얼마나 되나요?
3. 둥글장수풍뎅이의 생태 중에서 알려진 것은 무엇인가요?

헤라클레스왕장수풍뎅이

1. 헤라클레스왕장수풍뎅이의 이름은 어디에서 따왔나요?
2. 헤라클레스왕장수풍뎅이 종류 중에서 가장 몸집이 큰 종은 무엇인가요?
3. 몸집이나 생김새로 볼 때 헤라클레스왕장수풍뎅이의 경쟁자로 손꼽히는 장수풍뎅이는 무엇인가요?
4. 헤라클레스왕장수풍뎅이가 가장 많이 사는 대륙은 어디인가요?
5. 헤라클레스왕장수풍뎅이의 몸통과 뿔 중에서 무엇이 더 길까요?

케이론왕장수풍뎅이

1. 케이론왕장수풍뎅이는 어느 지역에 주로 사나요?
2. 케이론왕장수풍뎅이를 부르는 다른 이름은 무엇인가요?
3. 케이론왕장수풍뎅이의 경쟁자로 꼽히는 장수풍뎅이는 무엇인가요?

악테온코끼리왕장수풍뎅이

1. 악테온코끼리왕장수풍뎅이는 어느 지역에 사나요?
2. 앞가슴등판 양쪽에 난 2개의 뿔은 무엇을 닮았나요?
3. 3령 애벌레의 몸무게는 일반 장수풍뎅이 어른벌레 무게의 몇 배인가요?

켄타우루스장수풍뎅이

1. 켄타우루스장수풍뎅이를 흔히 볼 수 있는 것은 어느 대륙인가요?
2. 아프리카 사람들은 켄타우루스장수풍뎅이의 무엇을 먹나요?

오각뿔장수풍뎅이

1. 오각뿔장수풍뎅이가 사는 지역은 어디인가요?
2. 오각뿔장수풍뎅이의 뿔은 모두 몇 개인가요?
3. 죽으면 딱지날개의 색이 어떤 색으로 바뀌나요?

더 자세히 알고 싶다면 자료를 더 찾아봐요.

그란티흰장수풍뎅이

1. 그란티흰장수풍뎅이는 무슨 색을 띠나요?
2. 그란티흰장수풍뎅이의 겉모습은 어떤 장수풍뎅이와 닮았나요?
3. 그란티흰장수풍뎅이가 사는 곳은 어디인가요?

61쪽
가설 | 전자파는 장수풍뎅이의 생태에 영향을 미치지 않을 것이다.
결과 | 전자파를 직접 받은 사육 상자의 장수풍뎅이들은 밤에 잘 돌아다니지 않았다. 또한 알루미늄 포일로 전자파를 막은 사육 상자의 장수풍뎅이들이 더 오래 살아남았다. 즉, 전자파는 장수풍뎅이의 생태에 영향을 미치므로 가설은 틀렸다고 할 수 있다.

70~71쪽
장수풍뎅이
❶ 아니요. ❷ 1~3개월 ❸ 부엽토

외뿔장수풍뎅이
❶ 줄무늬 ❷ 죽은 곤충이나 곤충의 체액 ❸ 1~3개월

둥글장수풍뎅이
❶ 서해안 지역과 부근의 섬 ❷ 2센티미터 정도
❸ 늦여름에 불빛을 향해 날아오거나 해안가에서 주로 발견돼요.

헤라클레스왕장수풍뎅이
❶ 그리스 신화에 나오는 영웅 헤라클레스 ❷ 헤라클레스-헤라클레스 ❸ 케이론왕장수풍뎅이
❹ 남아메리카 ❺ 뿔

케이론왕장수풍뎅이
❶ 동남아시아 ❷ 코카서스왕장수풍뎅이 ❸ 헤라클레스왕장수풍뎅이

악테온코끼리왕장수풍뎅이
❶ 남아메리카의 열대 우림 ❷ 코끼리의 상아 ❸ 3배

켄타우루스장수풍뎅이
❶ 아프리카 ❷ 애벌레

오각뿔장수풍뎅이
❶ 인도, 중국, 태국, 인도차이나반도 ❷ 5개 ❸ 밝은 갈색

그란티흰장수풍뎅이
❶ 밝은 회색 ❷ 헤라클레스왕장수풍뎅이 ❸ 사막과 선인장이 많은 건조한 지역의 활엽수림